님께 드립니다.

교사를 위한
하나님의 약속 100
다음 세대를 키우는 교사

© 생명의말씀사 2017

2017년 5월 30일 1판 1쇄 발행
2023년 10월 24일   2쇄 발행

펴낸이 | 김창영
펴낸곳 | 생명의말씀사

등록 | 1962. 1. 10. No.300-1962-1
주소 | 서울시 종로구 경희궁1길 6 (03176)
전화 | 02)738-6555(본사) · 02)3159-7979(영업)
팩스 | 02)739-3824(본사) · 080-022-8585(영업)

기획편집 | 서정희, 김세나
디자인 | 박소정, 김혜진
인쇄 | 예원프린팅
제본 | 다온바인텍

ISBN 978-89-04-16594-0(04230)
ISBN 978-89-04-70032-5(세트)

저작권자의 허락없이 이 책의 일부 또는 전체를
무단 복제, 전재, 발췌하면 저작권법에 의해 처벌을 받습니다.

교사를 위한
하나님의 약속
100

다음 세대를 키우는 교사

하루 한 말씀,
하나님의 약속을 마음에 새겨 보세요.

하나님께서는 우리에게
소중한 약속들을 주셨습니다.
하루에 한 말씀씩, 그 약속들이
마음에 새겨질 때마다
믿음의 깊이도 더욱 깊어집니다.

우리 삶의 중심은
말씀 위에 서 있어야 한다는 것을 기억하십시오.

믿음의 고백을
한 쪽에 마련된 여백에 필사하면서
마음에도 새겨 보십시오.
하나님의 약속을 믿는 믿음이
우리 삶을 변화시킬 것입니다.

하나님께서는 당신을 향한
완전한 계획을 가지고 계십니다.
약속을 믿고 마음에 새기며 그때를 기다리십시오.
하나님의 약속은 반드시 이루어집니다.

부르심 · 충성 · 지혜 · 가르침 · 섬김 · 헌신 · 사랑 · 인내 · 기도 · 평안 · 보호 · 인도

교사를 위한 기도

부족한 저를 교사로 불러주신
주님의 은혜를 기억하게 하옵소서

하나님 아버지,
저를 믿음으로 부르셨고 또 교사로서 소명을 주시니
감사드립니다.

이 두 가지를 감사하게 여기며
이 부르심에 합당한 삶을 살기를 원합니다.
이를 위하여 능력 주실 것을 믿으며
주님의 뜻이 이루어질 것을 믿습니다.

아이들을 대하면서 그들의 마음까지도
헤아릴 줄 아는 교사 되게 하시고,
저의 말과 행실이 학생들에게 본이 될 수 있게 하옵소서.

God's promises for you

말씀 가운데 주님을 만날 때
우리에게 능력이 임합니다.

주님이 주시는 약속의 말씀으로
매일 새 힘을 얻게 하시고
교사로서 우리의 임무를 다할 수 있게 하소서.
부족한 저를 교사로 불러주신
주님의 은혜를 기억하게 하시고,
기쁘고 감격하는 마음으로 이 사명을 잘 감당하게 하소서.

예수님의 이름으로 기도합니다.
아멘.

01 | 부르심 · 충성

하나님이 우리를 구원하사
거룩하신 소명으로 부르심은
우리의 행위대로 하심이 아니요
오직 자기의 뜻과 영원 전부터
그리스도 예수 안에서 우리에게 주신
은혜대로 하심이라

디모데후서 1장 9절

02 | 지혜 · 가르침

모든 성경은
하나님의 감동으로 된 것으로
교훈과 책망과 바르게 함과
의로 교육하기에 유익하니

디모데후서 3장 16절

03 | 섬김 · 순종

기쁜 마음으로 섬기기를
주께 하듯 하고
사람들에게 하듯 하지 말라

에베소서 6장 7절

04 | 부르심 · 충성

나를 능하게 하신
그리스도 예수 우리 주께
내가 감사함은 나를 충성되이 여겨
내게 직분을 맡기심이니

디모데전서 1장 12절

05 | 지혜 · 가르침

너는 말씀을 전파하라

때를 얻든지 못 얻든지 항상 힘쓰라

범사에 오래 참음과 가르침으로

경책하며 경계하며 권하라

디모데후서 4장 2절

06 | 보호 · 인도

내가 지혜로운 길을

네게 가르쳤으며

정직한 길로 너를 인도하였은즉

다닐 때에 네 걸음이 곤고하지 아니하겠고

달려갈 때에 실족하지 아니하리라

잠언 4장 11-12절

07 | 기도 · 평안

그가 나를 푸른 풀밭에 누이시며
쉴 만한 물 가로 인도하시는도다
내 영혼을 소생시키시고
자기 이름을 위하여 의의 길로
인도하시는도다

시편 23편 2-3절

08 | 부르심 · 충성

푯대를 향하여
그리스도 예수 안에서
하나님이 위에서 부르신
부름의 상을 위하여 달려가노라

빌립보서 3장 14절

하루 한 말씀 쓰는 성경

09 | 보호 · 인도

사람이 마음으로
자기의 길을 계획할지라도
그의 걸음을 인도하시는 이는
여호와시니라

잠언 16장 9절

10 | 섬김 · 순종

그 세대의 사람도 다 그 조상들에게로 돌아갔고
그 후에 일어난 다른 세대는
여호와를 알지 못하며
여호와께서 이스라엘을 위하여 행하신 일도
알지 못하였더라

사사기 2장 10절

11 | 기도 · 평안

여호와께서 내 음성과 내 간구를 들으시므로
내가 그를 사랑하는도다
그의 귀를 내게 기울이셨으므로
내가 평생에 기도하리로다

시편 116편 1-2절

12 | 지혜 · 가르침

그리스도의 말씀이 너희 속에 풍성히 거하여
모든 지혜로 피차 가르치며 권면하고
시와 찬송과 신령한 노래를 부르며
감사하는 마음으로 하나님을 찬양하고
또 무엇을 하든지 말에나 일에나
다 주 예수의 이름으로 하고
그를 힘입어 하나님 아버지께 감사하라

골로새서 3장 16-17절

13 | 사랑 · 인내

우리가 사랑함은
그가 먼저 우리를
사랑하셨음이라

요한일서 4장 19절

14 | 보호 · 인도

나의 영혼아
잠잠히 하나님만 바라라
무릇 나의 소망이
그로부터 나오는도다

시편 62편 5절

하루 한 말씀 쓰는 성경

15 | 부르심 · 충성

내가 교회의 일꾼 된 것은
하나님이 너희를 위하여
내게 주신 직분을 따라
하나님의 말씀을 이루려 함이니라

골로새서 1장 25절

16 | 지혜 · 가르침

모든 일을 원망과 시비가 없이 하라
이는 너희가 흠이 없고 순전하여
어그러지고 거스르는 세대 가운데서
하나님의 흠 없는 자녀로
세상에서 그들 가운데 빛들로 나타내며

빌립보서 2장 15절

쓰는 성경

17 | 기도 · 평안

여호와께서는
자기에게 간구하는 모든 자
곧 진실하게 간구하는 모든 자에게
가까이 하시는도다

시편 145편 18절

18 | 부르심 · 충성

내가 달려갈 길과 주 예수께 받은 사명
곧 하나님의 은혜의 복음을
증언하는 일을 마치려 함에는
나의 생명조차
조금도 귀한 것으로 여기지 아니하노라

사도행전 20장 24절

하루 한 말씀 쓰는 성경

19 | 보호 · 인도

대저 여호와는
네가 의지할 이시니라
네 발을 지켜
걸리지 않게 하시리라

잠언 3장 26절

20 | 사랑 · 인내

믿음으로 말미암아
그리스도께서 너희 마음에 계시게 하시옵고
너희가 사랑 가운데서
뿌리가 박히고 터가 굳어져서
능히 모든 성도와 함께
지식에 넘치는 그리스도의 사랑을 알고

에베소서 3장 17-18절

하루 한 말씀 쓰는 성경

교사를 위한 기도

우리의 소망과 기업을
더 분명히 알게 하소서

하나님 아버지,
제 마음이 주께 고정되어있어야만
모든 것이 순조롭게 됨을 알고 있습니다.
항상 주님만을 바라보고 충성스럽게
한결 같이 이 길을 갈 수 있게 하옵소서.

개인적인 성취나 보상을 바라고 달려가는 것이 아니라,
그보다 훨씬 더 높고 귀한 부르심을 잊지 않게 하시고,
오늘도 우리의 마음을 비추셔서
우리의 소망과 기업을 더 분명히 알게 하소서.

교사로 섬김에 있어서 무너지지 않도록
저의 육체적인 면과 영적인 면 모두를 돌보아
균형을 이루게 하시옵소서.

God's promises for you

학생들로 인해, 주변 환경으로 인해
좌절하는 순간이 오더라도
평소 주님이 주신 마음의 양식으로 하여금
그 어떤 흔들림에 동요하지 않기를 원합니다.

교사라는 책임이 너무 무거워 견딜 수 없을 때에도
주님께서는 우리가 의지할 견고한 바위 되시니
기도로 주님께 나아가 도움을 구하게 하소서.

예수님의 이름으로 기도합니다.
아멘.

21 | 부르심 · 충성

사람이 마땅히 우리를
그리스도의 일꾼이요
하나님의 비밀을 맡은 자로 여길지어다
그리고 맡은 자들에게 구할 것은
충성이니라

고린도전서 4장 1-2절

22 | 기도 · 평안

그의 거룩한 이름을 자랑하라
여호와를 구하는 자들은
마음이 즐거울지로다

시편 105편 3절

23 | 지혜 · 가르침

지혜 있는 자에게 교훈을 더하라
그가 더욱 지혜로워질 것이요
의로운 사람을 가르치라
그의 학식이 더하리라

잠언 9장 9절

24 | 사랑 · 인내

모든 겸손과 온유로 하고
오래 참음으로 사랑 가운데서
서로 용납하고

에베소서 4장 2절

25 | 보호 · 인도

나 여호와는
포도원지기가 됨이여
때때로 물을 주며 밤낮으로 간수하여
아무든지 이를 해치지 못하게 하리로다

이사야 27장 3절

26 | 섬김 · 순종

아무 일에든지 다툼이나 허영으로 하지 말고
오직 겸손한 마음으로
각각 자기보다 남을 낫게 여기고
각각 자기 일을 돌볼뿐더러
또한 각각 다른 사람들의 일을 돌보아
나의 기쁨을 충만하게 하라

빌립보서 2장 3-4절

27 | 사랑 · 인내

그러므로 너희는
하나님이 택하사
거룩하고 사랑 받는 자처럼
긍휼과 자비와 겸손과 온유와
오래 참음을 옷 입고
누가 누구에게 불만이 있거든
서로 용납하여 피차 용서하되
주께서 너희를 용서하신 것 같이
너희도 그리하고
이 모든 것 위에
사랑을 더하라
이는 온전하게 매는 띠니라

골로새서 3장 12-14절

하루 한 말씀 쓰는 성경

28 | 부르심 · 충성

우리 구주 예수 그리스도로 말미암아
우리에게 그 성령을 풍성히 부어 주사
우리로 그의 은혜를 힘입어
의롭다 하심을 얻어
영생의 소망을 따라
상속자가 되게 하려 하심이라

디도서 3장 6-7절

29 | 지혜 · 가르침

우리가 그를 전파하여
각 사람을 권하고
모든 지혜로 각 사람을 가르침은
각 사람을 그리스도 안에서
완전한 자로 세우려 함이니

골로새서 1장 28절

30 | 보호 · 인도

주께서 너희를
우리 주 예수 그리스도의 날에
책망할 것이 없는 자로
끝까지 견고하게 하시리라

고린도전서 1장 8절

31 | 부르심 · 충성

하나님의
은사와 부르심에는
후회하심이 없느니라

로마서 11장 29절

32 | 지혜 · 가르침

세상에 금도 있고
진주도 많거니와
지혜로운 입술이
더욱 귀한 보배니라

잠언 20장 15절

33 | 보호 · 인도

내 영혼아 네가 어찌하여 낙심하며
어찌하여 내 속에서 불안해 하는가
너는 하나님께 소망을 두라
나는 그가 나타나 도우심으로 말미암아
내 하나님을 여전히 찬송하리로다

시편 42편 11절

34 | 섬김 · 순종

너는 마음을 다하고
뜻을 다하고 힘을 다하여
네 하나님 여호와를 사랑하라

신명기 6장 5절

35 | 부르심 · 충성

내가 내 자의로 이것을 행하면
상을 얻으려니와
내가 자의로 아니한다 할지라도
나는 사명을 받았노라

고린도전서 9장 17절

36 | 기도 · 평안

무엇이든지 구하는 바를
그에게서 받나니
이는 우리가 그의 계명을 지키고
그 앞에서 기뻐하시는 것을
행함이라

요한일서 3장 22절

37 | 섬김 · 순종

너는 마음을 다하여
여호와를 신뢰하고
네 명철을 의지하지 말라

잠언 3장 5절

38 | 보호 · 인도

여호와를 경외하는 자 누구냐
그가 택할 길을
그에게 가르치시리로다

시편 25편 12절

39 | 사랑 · 인내

인내를 온전히 이루라
이는 너희로 온전하고 구비하여
조금도 부족함이 없게 하려 함이라

야고보서 1장 4절

40 | 섬김 · 순종

너희가 즐겨 순종하면
땅의 아름다운 소산을
먹을 것이요

이사야 1장 19절

41 | 사랑 · 인내

너희의 믿음의 역사와
사랑의 수고와
우리 주 예수 그리스도에 대한
소망의 인내를
우리 하나님 아버지 앞에서
끊임없이 기억함이니

데살로니가전서 1장 3절

교사를 위한 기도

나의 입술을 통해
주님의 말씀이 전해지길 원합니다

능력의 하나님,
역사 속에서 주님이 개입하시고 이루신 일들을 기억하기 원합니다.

주님은 만물의 근원이시고 우리의 주권자 되십니다.
주님의 은혜로 우리는 가르칠 수 있고,
학생들의 삶에도 영향을 줄 수 있습니다.
늘 진리의 말씀을 근거로 학생들에게 전하게 하시고,
지혜를 허락하시어 저의 입술을 통해
주님의 말씀이 전해지도록 하옵소서.

주님께서 잃었던 한 마리의 양을 찾으셨을 때
얼마나 기뻐하시는지요.
교사인 우리도 한 학생도 포기하지 않고
하나님께로 돌아올 수 있도록 이끌게 하옵소서.

God's promises for you

우리 안에 주님을 모시고
매일의 삶에서 주님의 생명을 드러내게 하소서.
저희 아이들에게도
주님의 생명이 분명하게 보여지길 원합니다.
주님의 넘치는 생명력으로 우리 아이들을 다스려 주옵소서.

예수님의 이름으로 기도합니다.
아멘.

42 | 지혜 · 가르침

대저 여호와는 지혜를 주시며
지식과 명철을 그 입에서 내심이며
그는 정직한 자를 위하여
완전한 지혜를 예비하시며
행실이 온전한 자에게 방패가 되시나니

잠언 2장 6-7절

43 | 부르심 · 충성

너희를 부르시는 이는 미쁘시니
그가 또한 이루시리라

데살로니가전서 5장 24절

쓰는 성경

44 | 기도 · 평안

주께서 심지가 견고한 자를
평강하고 평강하도록 지키시리니
이는 그가 주를 신뢰함이니이다

이사야 26장 3절

45 | 부르심 · 충성

내 눈이 이 땅의
충성된 자를 살펴
나와 함께 살게 하리니
완전한 길에 행하는 자가
나를 따르리로다

시편 101편 6절

46 | 사랑 · 인내

너희 아버지의
자비로우심 같이
너희도 자비로운 자가 되라

누가복음 6장 36절

47 | 지혜 · 가르침

지혜를 얻은 자와
명철을 얻은 자는
복이 있나니
이는 지혜를 얻는 것이
은을 얻는 것보다 낫고
그 이익이 정금보다 나음이니라

잠언 3장 13-14절

48 | 기도 · 평안

공의의 열매는
화평이요
공의의 결과는
영원한 평안과 안전이라

이사야 32장 17절

49 | 부르심 · 충성

우리가 알거니와
하나님을 사랑하는 자
곧 그의 뜻대로 부르심을
입은 자들에게는
모든 것이 합력하여
선을 이루느니라

로마서 8장 28절

하루 한 말씀 쓰는 성경

50 | 사랑 · 인내

너희가 만일
너희를 사랑하는 자만을 사랑하면
칭찬 받을 것이 무엇이냐
죄인들도 사랑하는 자는 사랑하느니라

누가복음 6장 32절

51 | 지혜 · 가르침

주의 말씀은
내 발에 등이요
내 길에 빛이니이다

시편 119편 105절

52 | 섬김 · 순종

부지런하여

게으르지 말고

열심을 품고

주를 섬기라

로마서 12장 11절

53 | 보호 · 인도

여호와여 주는

나의 등불이시니

여호와께서

나의 어둠을 밝히시리이다

사무엘하 22장 29절

하루 한 말씀 쓰는 성경

54 | 사랑 · 인내

그런즉
믿음, 소망, 사랑, 이 세 가지는
항상 있을 것인데
그 중의 제일은 사랑이라

고린도전서 13장 13절

55 | 기도 · 평안

이스라엘을 지키시는 이는
졸지도 아니하시고
주무시지도 아니하시리로다
여호와는 너를 지키시는 이시라
여호와께서 네 오른쪽에서
네 그늘이 되시나니

시편 121편 4-5절

쓰는 성경

56 | 지혜 · 가르침

여호와를 경외함이 지혜의 근본이라
그의 계명을 지키는 자는
다 훌륭한 지각을 가진 자이니
여호와를 찬양함이
영원히 계속되리로다

시편 111편 10절

57 | 사랑 · 인내

내 계명은
곧 내가 너희를 사랑한 것 같이
너희도 서로 사랑하라
하는 이것이니라

요한복음 15장 12절

하루 한 말씀 쓰는 성경

58 | 부르심 · 충성

너희 마음의 눈을 밝히사
그의 부르심의 소망이 무엇이며
성도 안에서 그 기업의
영광의 풍성함이 무엇이며
그의 힘의 위력으로
역사하심을 따라
믿는 우리에게
베푸신 능력의 지극히 크심이
어떠한 것을
너희로 알게 하시기를
구하노라

에베소서 1장 18-19절

59 | 지혜 · 가르침

진리를 알지니
진리가 너희를
자유롭게 하리라

요한복음 8장 32절

60 | 보호 · 인도

평안을 너희에게 끼치노니
곧 나의 평안을 너희에게 주노라
내가 너희에게 주는 것은
세상이 주는 것과 같지 아니하니라
너희는 마음에 근심하지도 말고
두려워하지도 말라

요한복음 14장 27절

하루 한 말씀 쓰는 성경

교사를 위한 기도

저를 이 자리에 보내주신
주님께 감사합니다

하나님 아버지,
주님의 인자하심이 어찌 그리 보배로우신지요.

우리는 주께 속하였고
주님의 보호하심 가운데 안전합니다.
이와 같은 안전과 보살핌을
교사된 자로서 아이들에게도 베풀게 하소서.

어미 닭의 날개 아래 숨는 병아리처럼,
우리 학생들도 제 품 안에서 안전함을 느끼게 하소서.
주님의 눈으로 그들을 바라보게 하시고,
저희와 같은 교사를 통해
많은 학생이 주님을 찾고
만나게 되기를 소원합니다.

God's promises for you

의무가 아니라 마음에서 우러나는 사랑으로
학생들을 가르치는 교사가 되어,
주님의 사랑을 전할 수 있게 하소서.
오늘도 저를 이 자리에 보내주신 주님께 감사합니다.

예수님의 이름으로 기도합니다.
아멘.

61 | 섬김 · 순종

주의 권능의 날에
주의 백성이 거룩한 옷을 입고
즐거이 헌신하니
새벽 이슬 같은 주의 청년들이
주께 나오는도다

시편 110편 3절

62 | 지혜 · 가르침

내가 너희에게 분부한 모든 것을
가르쳐 지키게 하라
볼지어다 내가 세상 끝날까지
너희와 항상 함께 있으리라 하시니라

마태복음 28장 20절

하루 한 말씀 쓰는 성경

63 | 기도 · 평안

범사에
우리 주 예수 그리스도의 이름으로
항상 아버지 하나님께 감사하며
그리스도를 경외함으로
피차 복종하라

에베소서 5장 20-21절

64 | 부르심 · 충성

무슨 일을 하든지
마음을 다하여 주께 하듯 하고
사람에게 하듯 하지 말라

골로새서 3장 23절

65　| 지혜 · 가르침

지혜의 그늘 아래에 있음은
돈의 그늘 아래에 있음과 같으나,
지혜에 관한 지식이 더 유익함은
지혜가 그 지혜 있는 자를
살리기 때문이니라

전도서 7장 12절

66　| 보호 · 인도

오직 여호와를 앙망하는 자는
새 힘을 얻으리니
독수리가 날개치며 올라감 같을 것이요
달음박질하여도 곤비하지 아니하겠고
걸어가도 피곤하지 아니하리로다

이사야 40장 31절

67 | 섬김 · 순종

너희가 진리를 순종함으로
너희 영혼을 깨끗하게 하여
거짓이 없이 형제를
사랑하기에 이르렀으니
마음으로 뜨겁게 서로 사랑하라

베드로전서 1장 22절

68 | 지혜 · 가르침

너는 진리의 말씀을
옳게 분별하며
부끄러울 것이 없는
일꾼으로 인정된 자로
자신을 하나님 앞에 드리기를 힘쓰라

디모데후서 2장 15절

69 | 부르심 · 충성

지극히 작은 것에 충성된 자는
큰 것에도 충성되고
지극히 작은 것에 불의한 자는
큰 것에도 불의하니라

누가복음 16장 10절

70 | 기도 · 평안

구하라 그리하면
너희에게 주실 것이요
찾으라 그리하면
찾아낼 것이요
문을 두드리라 그리하면
너희에게 열릴 것이니

마태복음 7장 7절

하루 한 말씀 쓰는 성경

71 | 사랑 · 인내

분을 내어도 죄를 짓지 말며
해가 지도록 분을 품지 말고
마귀에게 틈을 주지 말라

에베소서 4장 26-27절

72 | 섬김 · 순종

그러므로 무엇이든지
남에게 대접을 받고자 하는 대로
너희도 남을 대접하라
이것이 율법이요 선지자니라

마태복음 7장 12절

73 | 지혜 · 가르침

예수께서 또 말씀하여 이르시되
나는 세상의 빛이니
나를 따르는 자는
어둠에 다니지 아니하고
생명의 빛을 얻으리라

요한복음 8장 12절

74 | 부르심 · 충성

은사는 여러 가지나
성령은 같고
직분은 여러 가지나
주는 같으며
또 사역은 여러 가지나
모든 것을 모든 사람 가운데서
이루시는 하나님은 같으니

고린도전서 12장 4-6절

하루 한 말씀 쓰는 성경

75 | 보호 · 인도

또 새 영을 너희 속에 두고
새 마음을 너희에게 주되
너희 육신에서 굳은 마음을 제거하고
부드러운 마음을 줄 것이며

에스겔 36장 26절

76 | 섬김 · 순종

하나님의 나라는
먹는 것과 마시는 것이 아니요
오직 성령 안에 있는
의와 평강과 희락이라
이로써 그리스도를 섬기는 자는
하나님을 기쁘시게 하며
사람에게도 칭찬을 받느니라

로마서 14장 17-18절

77 | 부르심 · 충성

충성된 사자는 그를 보낸 이에게
마치 추수하는 날에 얼음 냉수 같아서
능히 그 주인의 마음을
시원하게 하느니라

잠언 25장 13절

78 | 지혜 · 가르침

주의 말씀을 열면
빛이 비치어
우둔한 사람들을
깨닫게 하나이다

시편 119편 130절

79 | 보호 · 인도

그러나 이 모든 일에
우리를 사랑하시는 이로 말미암아
우리가 넉넉히 이기느니라

로마서 8장 37절

80 | 사랑 · 인내

그리스도께서
너희를 사랑하신 것 같이
너희도 사랑 가운데서 행하라
그는 우리를 위하여 자신을 버리사
향기로운 제물과 희생제물로
하나님께 드리셨느니라

에베소서 5장 2절

교사를 위한 기도

동료 교사들을 격려하고
도움의 손길을 아끼지 않게 하소서

사랑하는 주님,
제가 어려울 때 도움의 손길을 받으면 얼마나 감사한지요.
따뜻한 격려의 말 한마디가
저에게 큰 힘이 됨을 고백합니다.
이렇게 저도 다른 동료 교사들을 격려하고
도움의 손길을 내밀게 하옵소서.

제가 민감해져서 그들의 짐을 덜어 주게 하시고
주님이 저를 항상 살펴주셨던 것처럼
동료들을 살피게 하소서.

주님이 주신 은혜에 비하면
우리의 희생은 작은 것에 불과함을 알고
시간과 돈과 에너지를 들이는 데에
너무 인색하지 않게 하소서.

God's promises for you

학생들에게 뿐만 아니라,
동료 교사들에게도 항상 축복의 말을 하게 하시고,
각 지체가 자기의 역할을 충실히 하면서
조화를 이룰 수 있게 하옵소서.
저의 눈과 귀를 열어
오늘도 주위 사람들의 필요에 반응하는 자 되게 하소서.

예수님의 이름으로 기도합니다.
아멘.

81 | 부르심 · 충성

그러므로 형제들아
더욱 힘써
너희 부르심과 택하심을 굳게 하라
너희가 이것을 행한즉
언제든지 실족하지 아니하리라

베드로후서 1장 10절

82 | 기도 · 평안

그리스도의 평강이
너희 마음을 주장하게 하라
너희는 평강을 위하여
한 몸으로 부르심을 받았나니
너희는 또한 감사하는 자가 되라

골로새서 3장 15절

83 | 지혜 · 가르침

너희 중에 누구든지
지혜가 부족하거든
모든 사람에게 후히 주시고
꾸짖지 아니하시는
하나님께 구하라
그리하면 주시리라

야고보서 1장 5절

84 | 부르심 · 충성

각각 은사를 받은 대로
하나님의 여러 가지 은혜를
맡은 선한 청지기 같이
서로 봉사하라

베드로전서 4장 10절

85 | 보호 · 인도

주의 빛과 주의 진리를 보내시어
나를 인도하시고
주의 거룩한 산과 주께서 계시는 곳에
이르게 하소서

시편 43장 3절

86 | 섬김 · 순종

너희는 너희의 하나님 여호와를 따르며
그를 경외하며 그의 명령을 지키며
그의 목소리를 청종하며
그를 섬기며 그를 의지하며

신명기 13장 4절

하루 한 말씀 쓰는 성경

87 | 사랑 · 인내

무엇보다도
뜨겁게 서로 사랑할지니
사랑은 허다한 죄를 덮느니라

베드로전서 4장 8절

88 | 부르심 · 충성

이를 위하여 너희가 부르심을 받았으니
그리스도도 너희를 위하여
고난을 받으사
너희에게 본을 끼쳐
그 자취를 따라오게 하려 하셨느니라

베드로전서 2장 21절

89 | 지혜 · 가르침

여호와여 주의 인자하심이
땅에 충만하였사오니
주의 율례들로 나를 가르치소서

시편 119편 64절

90 | 사랑 · 인내

그의 영광의 힘을 따라
모든 능력으로 능하게 하시며
기쁨으로 모든 견딤과 오래 참음에
이르게 하시고

골로새서 1장 11절

91 | 보호 · 인도

내가 산을 향하여 눈을 들리라
나의 도움이 어디서 올까
나의 도움은 천지를 지으신
여호와에게서로다

시편 121편 1-2절

92 | 섬김 · 순종

여호와를 경외하는 것은
지혜의 훈계라
겸손은 존귀의 길잡이니라

잠언 15장 33절

93 | 부르심 · 충성

그러므로 주 안에서 갇힌 내가

너희를 권하노니

너희가 부르심을 받은 일에

합당하게 행하여

에베소서 4장 1절

94 | 기도 · 평안

아무 것도 염려하지 말고

다만 모든 일에 기도와 간구로,

너희 구할 것을 감사함으로 하나님께 아뢰라

그리하면 모든 지각에 뛰어난 하나님의 평강이

그리스도 예수 안에서

너희 마음과 생각을 지키시리라

빌립보서 4장 6-7절

95 | 사랑 · 인내

성도들의 인내가 여기 있나니
그들은 하나님의 계명과
예수에 대한 믿음을 지키는 자니라

요한계시록 14장 12절

96 | 지혜 · 가르침

주의 진리로
나를 지도하시고 교훈하소서
주는 내 구원의 하나님이시니
내가 종일 주를 기다리나이다

시편 25편 5절

97 | 부르심 · 충성

형제들아
너희는 각각 부르심을 받은 그대로
하나님과 함께 거하라

고린도전서 7장 24절

98 | 보호 · 인도

여호와는 나의 힘이요 노래시며
나의 구원이시로다
그는 나의 하나님이시니
내가 그를 찬송할 것이요
내 아버지의 하나님이시니
내가 그를 높이리로다

출애굽기 15장 2절

하루 한 말씀 쓰는 성경

99 | 섬김·순종

나는 마음이 온유하고 겸손하니
나의 멍에를 메고 내게 배우라
그리하면 너희 마음이 쉼을 얻으리니

마태복음 11장 29절

100 | 부르심·충성

너희 안에서
착한 일을 시작하신 이가
그리스도 예수의 날까지 이루실 줄을
우리는 확신하노라

빌립보서 1장 6절

쓰는 성경

교사를 위한
하나님의 약속
100

사명선언문

너희가 흠이 없고 순전하여……세상에서 그들 가운데 빛들로
나타내며 생명의 말씀을 밝혀 _ 빌 2:15-16

1. 생명을 담겠습니다
만드는 책에 주님 주신 생명을 담겠습니다.
그 책으로 복음을 선포하겠습니다.

2. 말씀을 밝히겠습니다
생명의 근본은 말씀입니다.
말씀을 밝혀 성도와 교회의 성장을 돕겠습니다.

3. 빛이 되겠습니다
시대와 영혼의 어두움을 밝혀 주님 앞으로 이끄는
빛이 되는 책을 만들겠습니다.

4. 순전히 행하겠습니다
책을 만들고 전하는 일과 경영하는 일에 부끄러움이 없는
정직함으로 행하겠습니다.

5. 끝까지 전파하겠습니다
모든 사람에게, 땅 끝까지, 주님 오시는 그날까지
복음을 전하는 사명을 다하겠습니다.

서점 안내

광화문점   서울시 종로구 새문안로 69 구세군회관 1층
02)737-2288 / 02)737-4623(F)

강남점   서울시 서초구 신반포로 177 반포쇼핑타운 3동 2층
02)595-1211 / 02)595-3549(F)

구로점   서울시 동작구 시흥대로 602, 3층 302호
02)858-8744 / 02)838-0653(F)

노원점   서울시 노원구 동일로 1366 삼봉빌딩 지하 1층
02)938-7979 / 02)3391-6169(F)

일산점   경기도 고양시 일산서구 중앙로 1391 레이크타운 지하 1층
031)916-8787 / 031)916-8788(F)

의정부점   경기도 의정부시 청사로47번길 12 성산타워 3층
031)845-0600 / 031)852-6930(F)

인터넷서점   www.lifebook.co.kr